COLLECTION

DE

FEU M. PELEGUER

CATALOGUE

DES

TABLEAUX ANCIENS

DES ÉCOLES ALLEMANDE, ITALIENNE

ET PRINCIPALEMENT DE L'ÉCOLE ESPAGNOLE

GRAVURES, DESSINS & ALBUMS

DÉPENDANT DE LA

COLLECTION DE FEU M. PELEGUER

Président de l'Académie des beaux-arts de Saint-Ferdinand, à Madrid
Peintre de S. M. la Reine d'Espagne

DONT LA VENTE AURA LIEU

A PARIS

HOTEL DES COMMISSAIRES PRISEURS, RUE DROUOT

Salle N° 8

Les Lundi 9 et Mardi 10 Décembre 1867

A 2 heures précises

EXPOSITION PARTICULIÈRE	EXPOSITION PUBLIQUE
*Le Samedi **7** Décembre*	*Le Dimanche 8 Décembre*
De 1 à 5 heures	De 1 à 5 heures

Commissaire - Priseur	Expert
Mᶜ Philippe LECHAT	M. MILHÈS
64, rue St-Lazare	21, rue Clausel

Le présent Catalogue servira de carte d'entrée

CONDITIONS DE LA VENTE.

—

Elle sera faite au comptant.

Les adjudicataires payeront 5 pour 100 en sus des enchères, applicables aux frais.

L'exposition mettant les amateurs à même de se rendre compte des objets, il ne sera admis aucune réclamation après la vente.

La première vacation comprendra les tableaux catalogués.

La seconde, les tableaux non catalogués, les gravures, dessins et albums, dont l'exposition aura lieu avant la vente, le mardi 10 décembre.

—

CE CATALOGUE SE DISTRIBUE :

A Paris,	chez MM.	Philippe Lechat, commissaire-priseur, rue Saint-Lazare, 64.
»	»	Milhès, rue Clausel, 21.
		Et à la Librairie espagnole, passage Jouffroy, 24.
A Lyon,	»	Hoëtts, marchand d'Estampes, rue Romarin, 9.
A Toulouse,	»	Lacavalerie, marchand de tableaux, rue Duranti, 3.
A Marseille,	»	Valli, marchand de tableaux, rue de Paradis, 24.
A Londres,	»	Conalghi, 14, Pall-Mall-East.
A Bruxelles,	»	Heris, 46, place Saint-Léger.
A la Haye,	»	Goupil et Cⁱᵉ, Plaats, 14.
A Amsterdam,	»	Roos, hôtel de Brakk Grand.
A Berlin,	»	Lepke, directeur du Musée.
A Madrid,	»	Madrazo, conservateur du Musée de Madrid.
A Vienne,	»	Artaria et Cie.

AVANT-PROPOS.

Feu M. Peleguer était peintre de la reine d'Espagne, président de l'Académie des Beaux-Arts de Saint-Ferdinand à Madrid, et de Saint-Charles à Valence, et fut professeur de dessin de Sa Majesté l'Impératrice des Français.

Son expérience, bien connue de la reine d'Espagne, lui fit rechercher les œuvres des maîtres pour la collection particulière de Sa Majesté; sa grande fortune contribua beaucoup à augmenter sa collection personnelle, et lui permit de voyager dans toutes les villes où les arts sont répandus et appréciés.

Les œuvres de Goya qu'a laissées M. Peleguer, et parmi lesquelles se trouve le beau portrait de Mme la marquise de Lanoa, lui furent données par Goya lui-même, dont il était l'intime ami.

La *Sainte Catherine*, de Léonard de Vinci fut achetée par lui à l'église de Sainte-Catherine, patronne de la ville de Valence. Cette œuvre, dont l'authenticité est incontestable, fut commandée au célèbre peintre par le clergé de cette ville, et c'est avec son disciple Juan de Joanès que Léonard de Vinci créa l'Académie de cette capitale. Ce tableau resta la propriété des moines de Saint-François ; après la dissolution de l'ordre, il fut placé dans l'église de Valence.

Nous citerons encore : *l'Adoration de Jésus-Christ*, d'Albert Durer, œuvre d'une exécution admirable où l'expression est portée au plus haut degré de perfection.

La Vierge et l'Enfant Jésus, de Holbein, donnée par Ferdinand VII à son confesseur l'archevêque Bencomo. Ce tableau resta longtemps dans l'oratoire du roi.

Les Murillo, provenant du cabinet du comte de l'Aigle.

Le portrait d'un jeune garçon, par Velasquez, donné par la reine Maria Luisa à M. Peleguer, etc.

L'appréciation approfondie de cette collection aurait exigé des travaux et des loisirs qu'il nous a été impossible de lui consacrer ; nous espérons que cet aperçu suffira pour justifier la curiosité des amateurs.

M.

DÉSIGNATION
DES TABLEAUX.

ALENZA.

1 — Scène d'intérieur.

2 — Scène d'intérieur.
   Pendant du précédent.

3 — Scène villageoise.

4 — Scène de Bohémiens.
   Pendant du précédent.

ALBERT DURER.

5 — L'Adoration du Christ. Le Christ est en croix; aux
pieds, la Vierge en prière et les saintes femmes.
   Composition à la fois savante et naïve, empreinte d'un sen-
timent poignant d'onction religieuse.
   (Cabinet de l'archevêque Bencomo, confesseur du roi
Ferdinand VII.)

6 — La Mort de la Vierge.
   Superbe composition (sur cuivre).
   (Cabinet de l'archevêque Bencomo.)

Jean de ARELLANO.

7 — Fleurs disposées dans des vases, ou éparses sur
le sol.

8 — Pendant du précédent.

9 — Fleurs dans un vase.

10 — Pendant du précédent. Fleurs et Fruits.

BASSAN.

11 — L'Adoration des Mages.

William BAUR.

12 — L'Ascension.
(Petite Gouache.)

Pierre BOUT.

13 — Paysage , vue d'une ville. Sur le premier plan à
gauche quelques personnages, par F. Baut.

Jean BREUGHEL.

14 — Scène de patineurs.
Vue d'un village.
D'une grande finesse.

15 — Scène villageoise.
Pendant du précédent.

Paul BRILL.

16 — Paysage avec forêt et personnages.

17 — Paysage boisé avec personnages.

18 — Paysage avec groupe de paysans.

19 — Paysage boisé.

> Pendant du précédent.
> Ces quatre petits tableaux sont de la plus belle qua'ité du Maître.

20 — Paysage boisé.

BRONZINO.

21 — Portrait de jeune femme.

Benedetto CASTIGLIONE.

22 — Un Pâtre et son troupeau.

Lucas CRANACK.

23 — La Vierge au Raisin.

Carlo DOLCI.

24 — Tête de Vierge.

Franck FLORIS.

25 — La Vierge et l'Enfant.

> Collection du prince de la Paix-Godoï.

FRANCK.

26 — Le Mariage du Pérugin.

JEAN FYT.

27 — Nature morte. Lièvre, perdrix et attributs de chasse.

H. GOLZIUS.

28 — La Fécondité.
(Allégorie.)

29 — Le Christ à la Colonne.

GOYA.

30 — Portrait en pied de Mme la marquise de Llanoa en costume espagnol.

31 — Petit portrait de Goya. Donné par l'auteur à M. Peleguer.
(Peint par lui-même.) Idem.

32 — Personnages espagnols priant dans une église.
Idem.

33 — Sainte Madeleine.
Petite esquisse. Idem.

34 — Pendant du précédent.
Idem.

35 — Petit portrait d'une dame andalouse.
Idem.

36 — Scène de mœurs espagnoles.
Idem.

37 — Moine en extase.
Idem.

38 — Tête de jeune fille.
(Non terminée.)

Donné par l'auteur à M. Peleguer.

Dominique GRECO.

39 — La Sainte Famille.

Le GUERCHIN.

40 — Tête de saint Jean.

Le GUIDE.

41 — L'Enfant Jésus.

42 — La Vierge en prière devant l'Enfant Jésus endormi.
(Remarquable d'exécution.)
(Collection de l'archevêque Bencomo.)

Guillaume HEDA.

43 — Nature morte, fruits, gobelet et citrons.
(A droite, en haut, ce tableau porte un monogramme.)

Jean HEMMELINCK.

44 — La Vierge et l'Enfant Jésus. A droite et à gauche un
ange.
(Collection du prince de la Paix-Godoï.)

45 — Descente de Croix.
(Même collection.)

46 — La Vierge, saint Antoine et saint Léandre.
(Même collection.)

HOLBEIN.

47 — La Vierge et l'Enfant Jésus. — A droite un ange offrant des raisins, à gauche un personnage en prière. Draperie derrière la Vierge, paysage au fond, à droite et à gauche.

Le portrait du personnage en prière paraît être d'Holbein, bien que l'expression de la Vierge et de l'Enfant Jésus, le fini des draperies et la naïve composition semblent donner cette œuvre à un autre maître allemand disciple d'Holbein.

Ce tableau a été donné par Ferdinand VII à son confesseur l'archevêque Bencomo.

Jean de JOANÈS.

48 — Ecce homo.

Cadre sculpté dans le couronnement duquel figurent le Père Éternel et la Colombe.

49 — Le Christ couronné d'épines.

Réduction du précédent.

Jean LABRADOR.

50 — Nature morte. Raisins.

Lucas de LEYDE.

51 — Saint Bernard en prière près de la Sainte Vierge et de l'Enfant Jésus.

Figures savamment étudiées et d'un grand caractère.
Collection de l'archevêque Bencomo.

52 — Saint Jérôme en prière.

53 — Mater Dolorosa.

La tête de la Vierge est belle de sentiment.
Collection du prince de la Paix-Godoï.

Carle MARATTE.

54 — La Vierge et l'Enfant Jésus.
Collection Torquemada.

Raphael MENGS.

55 — Son portrait par lui-même.
Collection Goya.

François MORALES.

56 — Tête de Christ.

Esteban MURILLO.

57 — Le Christ couronné d'épines.
Collection du comte de l'Aigle.

58 — La Vierge.
Collection du comte de l'Aigle.

59 — La Vierge Immaculée.
Collection du comte de l'Aigle.

60 — Tête de Vierge.
Collection Torquemada.

61 — Saint Jérôme.
Collection du comte de l'Aigle.

62 — Saint Joseph et l'Enfant.
Collection du comte de l'Aigle.

63 — L'Agneau Pascal.
Collection du comte de l'Aigle.

64 — Pendant du précédent.
Même collection.

65 — La Vierge Immaculée. Petite esquisse.
Collection Torquemada.

François PACHECO.

66 — Portrait de Philippe II.

Collection du comte Anglona.

67 — La Circoncision.

Collection Torquemada.

PALMA.

68 — La Vierge, l'Enfant Jésus, Saint Léandre et un ange.

PETER NEEF.

69 — Intérieur de la cathédrale d'Anvers. Des figures sont dispersées dans l'église en diverses attitudes.

Collection Torquemada.

PORBUS.

70 — Petit portrait d'une dame de la cour de Henri II.

Sur cuivre.

RAPHAEL.

71 — La Vierge et l'Enfant.

Tableau d'une grande supériorité.

Jean RIVALTA.

72 — Descente de Croix.

Provenant du cabinet du marquis de Santa-Cruz.

73 — Tête de moine.

Joseph **RIBERA** dit **L'ESPAGNOLET**.

74 — **Saint Paul.**
>Tête vue de face, portant la signature et la date de 1645.
>Collection de l'archevêque Bencomo.

75 — **Saint Pierre.**
>Tête vue de face et légèrement renversée en arrière.
>Collection de l'archevêque Bencomo.

76 — **Martyre de saint André.**
>Collection Goya.

Jean **RIZI.**

77 — **Tête d'homme.**

SANCHEZ COELLO.

78 — **Portrait de Philippe II.**
>Collection du comte Anglona.

79 — **Portrait de la fille de Philippe II. Elle est vêtue en
religieuse.**

SASSO FERRATO.

80 — **Tête de Vierge.**
>Donnée à M. Peleguer par la reine d'Espagne.

STELLA.

81 — **La Vierge et l'Enfant Jésus.**

82 — **La Vierge représentée à mi-corps.**

David TENIERS.

83 — Paysan et poules.

TIEPOLO.

84 — Vision de saint François.

Collection Goya.

85 — Vision de saint Pierre d'Alcantara.

Idem.

Le TITIEN.

86 — Le Christ au Jardin des oliviers.

Collection du prince de la Paix-Godoï.

Michel de TOBAR.

87 — La Charité romaine.

VAN BALEN.

88 — Saint Jean et l'Enfant Jésus.

Van der BENT.

89 — Halte de cavaliers paysans dans un village.

Rogier van der WEYDE.

90 — La Vierge et l'Enfant Jésus.

Collection Torquemada.

Van DYCK.

91 ·· Portrait d'un personnage.
                    Collection du comte Anglona.

92 — Sainte Famille (petite esquisse).

Hubert van EYCH.

93 — Descente de croix.

Jean van EYCK.

94 — Petit portrait d'un évêque.

95 — Petit portrait d'un moine.
        Pendant du précédent.

96 — Le couronnement de la Vierge.

Van KESSEL

97 — Oiseaux.

VELASQUEZ.

98 — Nature morte (pains et poissons).

99 — Enfant mangeant sa soupe.

        Tableau donné à M. Peleguer par dona Maria Luisa épouse
        de Ferdinand VII.

        Il est impossible de porter à un plus haut degré l'expression
        de la vie et du naturel que l'on remarque dans cette œuvre.
        Aussi croyons-nous devoir la signaler tout particulièrement aux
        amateurs.

Léonard de VINCI.

100 — Sainte Catherine.

> Grandeur naturelle.
>
> Elle est debout, la main appuyée sur le pommeau d'une épée.
>
> On retrouve dans cette belle figure toutes les qualités distinctives du talent de Léonard de Vinci ; le goût pur du dessin, la noble simplicité du style et l'élégance dans l'ajustement des draperies assurent l'authenticité de cette œuvre du maître.
>
> Notre préface en fait connaître la provenance.

François ZURBARAN.

101 — Moine vu à mi-corps.

> Superbe d'expression.

102 — Étude de mains.

103 — Tête de mouton.

ÉCOLE ESPAGNOLE.

104 — Petit portrait, sur cuivre, du favori de la reine d'Espagne, femme de Philippe IV.

105 — Petit portrait d'homme, sur cuivre.

106 — Petit portrait d'homme en prière. Apparition de la Vierge avec l'Enfant Jésus.

107 — Nature morte, fruits et ramiers.

108 — Nature morte, fruits.

ECOLE FLAMANDE.

109 — Petit portrait de femme.

ECOLE FRANÇAISE.

110 — La Vierge et l'Enfant Jésus.

ECOLE DE GOYA.

111 — Petit portrait d'un paysan espagnol.

112 — Petit portrait d'un torrero.

ECOLE ITALIENNE.

113 — Portrait d'un prince, costume Louis XIV.

114 — Portrait d'une princesse, pendant du précédent.

115 — Saint François.

116 — Scène de la Passion.
Petit tableau d'une rare finesse.

117 — Petit portrait sur cuivre du duc della Torre de Castelviva.

118 — Petit portrait sur cuivre de la duchesse de Castelviva.

119 — Le Christ donnant les clefs à saint Pierre.

120 — Saint Jean l'Évangéliste.
Collection Torquemada.

ÉCOLE DE SIENNE.

121 — Scène de la Passion.

122 — Scène de la Passion.
(Gothiques italiens.)

ECOLE VENITIENNE GOTHIQUE.

123 — Descente de croix.

124 — Le Christ au tombeau.

Collection du duc de Bailen.

DESSINS.

ECOLE FRANÇAISE.

125 — Le Chanteur Invalide.

(Groupe de personnages costumes de la Révolution.)
Dessin à l'encre de Chine.

ÉCOLE ITALIENNE.

126 — Téte de jeune homme.

Dessin au crayon noir rehaussé de blanc.

PELEGUER.

127 — Sainte Isabelle.

Superbe dessin au crayon noir rehaussé de blanc.

Van DYCK.

128 — Portrait d'un gentilhomme.

Dessin aux trois crayons.

Provenant de la collection Richardson.

GOYA.

129 — Portrait d'Asencia Chulia, peintre et professeur de Goya.

Miniature sur ivoire. Donnée par l'auteur à M. Peleguer.

ÉCOLE ITALIENNE.

130 — Sommeil de l'Enfant Jésus.

Pastel.

IMPRIMERIE GÉNÉRALE DE CH. LAHURE
Rue de Fleurus, 9, à Paris.